# Anderer Tag

## Kinderbücher 9-12 Jahre | Band -1 | Subtraktion

**ActivityCrusades**

Veröffentlicht von Speedy Publishing Canada Limited

ActivityCrusades
activity books

# SUBTRAKTION

**Finde die fehlende Nummer.**

**Ex.**

1 ) **98** - 42 = 56

2 ) 58 - __ = 3

3 ) __ - 48 = 24

4 ) __ - 37 = 62

5 ) __ - 56 = 24

6 ) 91 - __ = 16

7 ) 89 - __ = 30

8 ) __ - 50 = 45

9 ) __ - 37 = 20

10 ) __ - 49 = 30

11 ) 81 - __ = 27

12 ) 79 - __ = 4

2

1 ) __ - 80 = 12

2 ) __ - 63 = 33

3 ) 90 - __ = 55

4 ) __ - 58 = 2

5 ) 91 - __ = 11

6 ) 45 - __ = 5

7 ) __ - 58 = 7

8 ) 97 - __ = 11

9 ) __ - 85 = 12

10 ) 51 - __ = 17

11 ) 89 - __ = 10

12 ) __ - 56 = 14

**3**

1 ) 66 - __ = 8

2 ) __ - 64 = 17

3 ) __ - 60 = 26

4 ) 79 - __ = 31

5 ) 85 - __ = 46

6 ) __ - 51 = 24

7 ) __ - 48 = 9

8 ) 46 - __ = 1

9 ) 93 - __ = 38

10 ) __ - 38 = 12

11 ) __ - 46 = 39

12 ) 59 - __ = 3

1 )  99 - __ = 19

2 )  68 - __ = 19

3 )  __ - 35 = 48

4 )  __ - 36 = 36

5 )  __ - 30 = 58

6 )  __ - 51 = 2

7 )  74 - __ = 8

8 )  __ - 49 = 15

9 )  59 - __ = 28

10 )  __ - 58 = 21

11 )  94 - __ = 24

12 )  __ - 66 = 7

1 ) __ - 47 = 51

2 ) __ - 41 = 20

3 ) 96 - __ = 17

4 ) __ - 84 = 7

5 ) __ - 38 = 1

6 ) __ - 42 = 24

7 ) 82 - __ = 26

8 ) 77 - __ = 28

9 ) 60 - __ = 22

10 ) __ - 38 = 58

11 ) 99 - __ = 25

12 ) 64 - __ = 14

1 ) $90 - \underline{\phantom{xx}} = 26$

2 ) $\underline{\phantom{xx}} - 84 = 11$

3 ) $51 - \underline{\phantom{xx}} = 16$

4 ) $90 - \underline{\phantom{xx}} = 40$

5 ) $\underline{\phantom{xx}} - 62 = 21$

6 ) $92 - \underline{\phantom{xx}} = 31$

7 ) $47 - \underline{\phantom{xx}} = 15$

8 ) $94 - \underline{\phantom{xx}} = 21$

9 ) $\underline{\phantom{xx}} - 49 = 50$

10 ) $97 - \underline{\phantom{xx}} = 58$

11 ) $\underline{\phantom{xx}} - 38 = 40$

12 ) $\underline{\phantom{xx}} - 51 = 5$

(7)

1 ) 48 - __ = 2

2 ) 99 - __ = 11

3 ) __ - 50 = 22

4 ) 71 - __ = 5

5 ) __ - 40 = 40

6 ) 73 - __ = 25

7 ) 73 - __ = 2

8 ) __ - 46 = 38

9 ) 63 - __ = 26

10 ) __ - 40 = 59

11 ) 92 - __ = 27

12 ) 61 - __ = 14

1 ) __ - 55 = 7

2 ) __ - 91 = 1

3 ) 89 - __ = 57

4 ) __ - 50 = 41

5 ) 87 - __ = 17

6 ) __ - 64 = 9

7 ) 89 - __ = 34

8 ) 84 - __ = 23

9 ) 62 - __ = 23

10 ) __ - 42 = 10

11 ) 62 - __ = 31

12 ) 59 - __ = 11

1 ) __ - 63 = 23

2 ) 96 - __ = 58

3 ) 94 - __ = 27

4 ) __ - 57 = 3

5 ) __ - 80 = 7

6 ) __ - 51 = 16

7 ) 96 - __ = 51

8 ) 82 - __ = 9

9 ) 84 - __ = 34

10 ) __ - 55 = 4

11 ) 77 - __ = 29

12 ) 49 - __ = 3

1 ) $81 - \_\_ = 5$

2 ) $\_\_ - 34 = 25$

3 ) $76 - \_\_ = 16$

4 ) $\_\_ - 35 = 38$

5 ) $\_\_ - 34 = 65$

6 ) $79 - \_\_ = 38$

7 ) $79 - \_\_ = 34$

8 ) $\_\_ - 53 = 26$

9 ) $86 - \_\_ = 1$

10 ) $75 - \_\_ = 35$

11 ) $78 - \_\_ = 23$

12 ) $\_\_ - 72 = 15$

1 ) $98 - \underline{\phantom{00}} = 30$

2 ) $55 - \underline{\phantom{00}} = 25$

3 ) $99 - \underline{\phantom{00}} = 8$

4 ) $58 - \underline{\phantom{00}} = 4$

5 ) $93 - \underline{\phantom{00}} = 16$

6 ) $\underline{\phantom{00}} - 56 = 13$

7 ) $\underline{\phantom{00}} - 31 = 39$

8 ) $\underline{\phantom{00}} - 48 = 20$

9 ) $\underline{\phantom{00}} - 53 = 33$

10 ) $87 - \underline{\phantom{00}} = 30$

11 ) $\underline{\phantom{00}} - 51 = 15$

12 ) $53 - \underline{\phantom{00}} = 5$

(12)

1 ) __ - 45 = 51

2 ) 79 - __ = 12

3 ) __ - 35 = 15

4 ) 73 - __ = 18

5 ) __ - 47 = 50

6 ) __ - 44 = 31

7 ) __ - 30 = 21

8 ) __ - 77 = 6

9 ) 93 - __ = 12

10 ) __ - 53 = 33

11 ) 81 - __ = 14

12 ) 72 - __ = 20

**Subtraktion relativ zur Addition.**
**Bestimme, welche Zahl beide Gleichungen richtig beantwortet.**

Ex.

1) $\underline{\textbf{2}} + 9 = 11$
$11 - 9 = \underline{\textbf{2}}$

2) $\underline{\phantom{xx}} + 1 = 5$
$5 - 1 = \underline{\phantom{xx}}$

3) $\underline{\phantom{xx}} + 2 = 20$
$20 - 2 = \underline{\phantom{xx}}$

4) $\underline{\phantom{xx}} + 12 = 17$
$17 - 12 = \underline{\phantom{xx}}$

5) $\underline{\phantom{xx}} + 1 = 20$
$20 - 1 = \underline{\phantom{xx}}$

6) $\underline{\phantom{xx}} + 4 = 6$
$6 - 4 = \underline{\phantom{xx}}$

7) $\underline{\phantom{xx}} + 5 = 14$
$14 - 5 = \underline{\phantom{xx}}$

8) $\underline{\phantom{xx}} + 17 = 19$
$19 - 17 = \underline{\phantom{xx}}$

9) $\underline{\phantom{xx}} + 1 = 19$
$19 - 1 = \underline{\phantom{xx}}$

10) $\underline{\phantom{xx}} + 16 = 18$
$18 - 16 = \underline{\phantom{xx}}$

1) _____ + 13 = 18
   18 - 13 = _____

2) _____ + 1 = 15
   15 - 1 = _____

3) _____ + 4 = 19
   19 - 4 = _____

4) _____ + 2 = 20
   20 - 2 = _____

5) _____ + 5 = 12
   12 - 5 = _____

6) _____ + 10 = 17
   17 - 10 = _____

7) _____ + 14 = 17
   17 - 14 = _____

8) _____ + 2 = 13
   13 - 2 = _____

9) _____ + 3 = 12
   12 - 3 = _____

10) _____ + 14 = 18
    18 - 14 = _____

1) _____ + 5 = 18
   18 - 5 = _____

2) _____ + 3 = 19
   19 - 3 = _____

3) _____ + 5 = 17
   17 - 5 = _____

4) _____ + 10 = 13
   13 - 10 = _____

5) _____ + 2 = 20
   20 - 2 = _____

6) _____ + 14 = 17
   17 - 14 = _____

7) _____ + 8 = 16
   16 - 8 = _____

8) _____ + 2 = 17
   17 - 2 = _____

9) _____ + 6 = 19
   19 - 6 = _____

10) _____ + 7 = 20
    20 - 7 = _____

1)  _____ + 1 = 18
    18 - 1 = _____

2)  _____ + 7 = 9
    9 - 7 = _____

3)  _____ + 14 = 18
    18 - 14 = _____

4)  _____ + 1 = 7
    7 - 1 = _____

5)  _____ + 1 = 12
    12 - 1 = _____

6)  _____ + 2 = 16
    16 - 2 = _____

7)  _____ + 15 = 19
    19 - 15 = _____

8)  _____ + 11 = 16
    16 - 11 = _____

9)  _____ + 3 = 18
    18 - 3 = _____

10) _____ + 4 = 14
    14 - 4 = _____

1) _____ + 1 = 9
   9 - 1 = _____

2) _____ + 10 = 12
   12 - 10 = _____

3) _____ + 1 = 17
   17 - 1 = _____

4) _____ + 3 = 18
   18 - 3 = _____

5) _____ + 3 = 13
   13 - 3 = _____

6) _____ + 2 = 17
   17 - 2 = _____

7) _____ + 3 = 9
   9 - 3 = _____

8) _____ + 4 = 11
   11 - 4 = _____

9) _____ + 13 = 17
   17 - 13 = _____

10) _____ + 2 = 9
    9 - 2 = _____

1) _____ + 6 = 20
20 - 6 = _____

2) _____ + 2 = 11
11 - 2 = _____

3) _____ + 2 = 17
17 - 2 = _____

4) _____ + 1 = 18
18 - 1 = _____

5) _____ + 2 = 5
5 - 2 = _____

6) _____ + 1 = 20
20 - 1 = _____

7) _____ + 6 = 16
16 - 6 = _____

8) _____ + 7 = 17
17 - 7 = _____

9) _____ + 3 = 18
18 - 3 = _____

10) _____ + 8 = 20
20 - 8 = _____

1) _____ + 1 = 20
   20 - 1 = _____

2) _____ + 3 = 6
   6 - 3 = _____

3) _____ + 1 = 19
   19 - 1 = _____

4) _____ + 4 = 7
   7 - 4 = _____

5) _____ + 3 = 18
   18 - 3 = _____

6) _____ + 6 = 11
   11 - 6 = _____

7) _____ + 6 = 12
   12 - 6 = _____

8) _____ + 11 = 19
   19 - 11 = _____

9) _____ + 16 = 18
   18 - 16 = _____

10) _____ + 5 = 10
    10 - 5 = _____

1) _____ + 4 = 16

16 - 4 = _____

2) _____ + 5 = 8

8 - 5 = _____

3) _____ + 5 = 11

11 - 5 = _____

4) _____ + 1 = 20

20 - 1 = _____

5) _____ + 2 = 15

15 - 2 = _____

6) _____ + 12 = 20

20 - 12 = _____

7) _____ + 10 = 18

18 - 10 = _____

8) _____ + 3 = 19

19 - 3 = _____

9) _____ + 2 = 5

5 - 2 = _____

10) _____ + 2 = 17

17 - 2 = _____

1)  _____ + 6 = 20
    20 - 6 = _____

2)  _____ + 1 = 20
    20 - 1 = _____

3)  _____ + 9 = 19
    19 - 9 = _____

4)  _____ + 8 = 18
    18 - 8 = _____

5)  _____ + 2 = 20
    20 - 2 = _____

6)  _____ + 1 = 19
    19 - 1 = _____

7)  _____ + 3 = 15
    15 - 3 = _____

8)  _____ + 15 = 17
    17 - 15 = _____

9)  _____ + 1 = 5
    5 - 1 = _____

10) _____ + 2 = 12
    12 - 2 = _____

1) _____ + 1 = 20
   20 - 1 = _____

2) _____ + 7 = 12
   12 - 7 = _____

3) _____ + 4 = 19
   19 - 4 = _____

4) _____ + 6 = 19
   19 - 6 = _____

5) _____ + 2 = 17
   17 - 2 = _____

6) _____ + 12 = 19
   19 - 12 = _____

7) _____ + 17 = 19
   19 - 17 = _____

8) _____ + 1 = 9
   9 - 1 = _____

9) _____ + 4 = 6
   6 - 4 = _____

10) _____ + 3 = 6
    6 - 3 = _____

1) _____ + 3 = 20
   20 - 3 = _____

2) _____ + 10 = 19
   19 - 10 = _____

3) _____ + 1 = 11
   11 - 1 = _____

4) _____ + 3 = 13
   13 - 3 = _____

5) _____ + 6 = 8
   8 - 6 = _____

6) _____ + 7 = 12
   12 - 7 = _____

7) _____ + 2 = 17
   17 - 2 = _____

8) _____ + 1 = 19
   19 - 1 = _____

9) _____ + 2 = 20
   20 - 2 = _____

10) _____ + 1 = 20
    20 - 1 = _____

1) _____ + 6 = 19

19 - 6 = _____

2) _____ + 1 = 14

14 - 1 = _____

3) _____ + 4 = 16

16 - 4 = _____

4) _____ + 3 = 15

15 - 3 = _____

5) _____ + 1 = 19

19 - 1 = _____

6) _____ + 1 = 20

20 - 1 = _____

7) _____ + 9 = 20

20 - 9 = _____

8) _____ + 4 = 10

10 - 4 = _____

9) _____ + 6 = 16

16 - 6 = _____

10) _____ + 3 = 18

18 - 3 = _____

**Lösen Sie die folgenden Probleme.**

Ex.

1)
$$7,435$$
$$-3,021$$
$$4,414$$

2)
$$5,277$$
$$-3,736$$

3)
$$2,537$$
$$-1,949$$

4)
$$1,647$$
$$-1,030$$

5)
$$7,207$$
$$-4,198$$

6)
$$6,115$$
$$-5,526$$

7)
$$9,700$$
$$-2,919$$

8)
$$6,141$$
$$-3,505$$

9)
$$2,195$$
$$-1,271$$

10)
$$6,334$$
$$-4,254$$

1) 8,150
   - 1,474

2) 3,806
   - 2,715

3) 3,916
   - 3,602

4) 5,393
   - 3,018

5) 3,707
   - 1,930

6) 7,422
   - 2,430

7) 2,636
   - 1,337

8) 6,677
   - 2,808

9) 4,825
   - 3,562

10) 7,714
    - 3,306

**1)**   1,585
    - 1,276

**2)**   6,298
    - 5,900

**3)**   1,210
    - 1,183

**4)**   1,417
    - 1,110

**5)**   3,212
    - 2,537

**6)**   4,969
    - 2,024

**7)**   5,455
    - 3,980

**8)**   9,932
    - 2,336

**9)**   7,644
    - 3,937

**10)**   1,367
    - 1,295

1)  5,279
   - 2,516

2)  2,634
   - 2,577

3)  6,751
   - 2,784

4)  3,933
   - 2,945

5)  4,326
   - 1,063

6)  4,341
   - 2,271

7)  4,792
   - 2,260

8)  4,590
   - 2,194

9)  1,962
   - 1,670

10)  7,337
    - 1,655

1) 8,625
− 8,421
———

2) 2,143
− 1,653
———

3) 3,627
− 2,097
———

4) 4,718
− 3,942
———

5) 1,351
− 1,345
———

6) 1,122
− 1,059
———

7) 5,998
− 4,985
———

8) 6,719
− 3,156
———

9) 9,993
− 7,318
———

10) 3,922
− 3,539
———

1) 
$$\begin{array}{r} 1{,}492 \\ -\ 1{,}065 \\ \hline \end{array}$$

2) 
$$\begin{array}{r} 9{,}272 \\ -\ 2{,}052 \\ \hline \end{array}$$

3) 
$$\begin{array}{r} 5{,}332 \\ -\ 1{,}212 \\ \hline \end{array}$$

4) 
$$\begin{array}{r} 2{,}593 \\ -\ 2{,}550 \\ \hline \end{array}$$

5) 
$$\begin{array}{r} 3{,}174 \\ -\ 1{,}571 \\ \hline \end{array}$$

6) 
$$\begin{array}{r} 6{,}861 \\ -\ 5{,}533 \\ \hline \end{array}$$

7) 
$$\begin{array}{r} 9{,}276 \\ -\ 6{,}863 \\ \hline \end{array}$$

8) 
$$\begin{array}{r} 5{,}445 \\ -\ 1{,}527 \\ \hline \end{array}$$

9) 
$$\begin{array}{r} 3{,}509 \\ -\ 1{,}420 \\ \hline \end{array}$$

10) 
$$\begin{array}{r} 6{,}753 \\ -\ 4{,}718 \\ \hline \end{array}$$

1)  3,481
   - 1,091
   _____

2)  2,738
   - 1,355
   _____

3)  9,117
   - 6,234
   _____

4)  5,072
   - 4,386
   _____

5)  1,005
   - 1,004
   _____

6)  8,320
   - 8,224
   _____

7)  4,208
   - 2,419
   _____

8)  3,794
   - 1,264
   _____

9)  4,824
   - 1,860
   _____

10)  9,589
    - 9,479
    _____

1) 4,681
   - 1,609

2) 6,494
   - 4,809

3) 8,488
   - 6,623

4) 6,590
   - 2,337

5) 8,397
   - 3,387

6) 1,907
   - 1,805

7) 2,820
   - 2,248

8) 5,493
   - 1,203

9) 6,265
   - 1,466

10) 1,478
    - 1,053

1)  $\begin{array}{r} 3,018 \\ -\ 2,697 \\ \hline \end{array}$
2)  $\begin{array}{r} 4,555 \\ -\ 2,900 \\ \hline \end{array}$
3)  $\begin{array}{r} 4,856 \\ -\ 2,125 \\ \hline \end{array}$
4)  $\begin{array}{r} 3,593 \\ -\ 2,884 \\ \hline \end{array}$

5)  $\begin{array}{r} 5,290 \\ -\ 4,595 \\ \hline \end{array}$
6)  $\begin{array}{r} 8,189 \\ -\ 3,229 \\ \hline \end{array}$
7)  $\begin{array}{r} 8,243 \\ -\ 4,907 \\ \hline \end{array}$
8)  $\begin{array}{r} 3,561 \\ -\ 1,098 \\ \hline \end{array}$

9)  $\begin{array}{r} 8,460 \\ -\ 4,691 \\ \hline \end{array}$
10) $\begin{array}{r} 9,187 \\ -\ 1,997 \\ \hline \end{array}$

1)  4,398
  - 3,408

2)  5,211
  - 1,527

3)  1,835
  - 1,499

4)  2,992
  - 2,125

5)  8,857
  - 3,752

6)  4,155
  - 3,799

7)  6,873
  - 4,695

8)  1,458
  - 1,071

9)  8,049
  - 5,137

10)  4,419
   - 2,259

1)   1,716
  - 1,279

2)   6,985
  - 2,496

3)   9,046
  - 1,016

4)   7,595
  - 5,302

5)   4,357
  - 3,839

6)   2,215
  - 1,976

7)   7,047
  - 3,056

8)   3,115
  - 1,863

9)   8,977
  - 8,150

10)   3,994
  - 3,443

1)  5,117
 - 4,783

2)  3,712
 - 3,074

3)  1,574
 - 1,096

4)  4,179
 - 4,111

5)  7,735
 - 6,474

6)  2,814
 - 1,110

7)  8,424
 - 1,798

8)  2,041
 - 1,443

9)  4,055
 - 3,281

10)  2,018
 - 1,054

**Finde die fehlenden Ziffern.**

Ex.

```
   7218          5_5_          9_9_          7_64
-  4130       -  4790       -  9784       -  _72_
   3088           569           112         62_4
```

```
   _7_7          9_04          7527          8343
-  4_8_       -  _9_1       -  27_2       -  43_2
   4897           495_          4_2_          3_8_
```

```
   9_56          25_3          _7_2          7584
-  52_5       -  _169       -  753_       -  1_2_
   414_           344          2_25          62_6
```

```
   39_7          7_95          7_71          8379
 - _891       -  _8_1       -  _08_       -  4_6_
   46           190_          24_5          _9_8
```

```
   _19_          _69_          7_88          95_8
 - 1_58       -  1_80       -  _5_3       -  1_0_
   60_3          28_1          311_          8094
```

```
   8542          8_09          _46_          99_5
 - 4_4_       -  340_       -  4_12       -  609_
   _3_1          47_6          38_7          3_40
```

```
   4468          _68_          84_5          _71_
 - 21_7        - 4_38        - 3_63        - 2_74
 ──────        ──────        ──────        ──────
   2_4_          45_3          488_          15_6


   _53_          _95_          8_3_          4_4_
 - 18_8        - 22_6        - 23_8        - 32_5
 ──────        ──────        ──────        ──────
   3_04          4_15          6331          1130


   79_0         _996          63_9          7414
 - 4_7_        - 64_1        - 3_2_        - 33_8
 ──────        ──────        ──────        ──────
   3077          3_5_          2641          4_0_
```

```
    5_7          7_4_         5_48          _40_
-  515_       -  40_5      -  _7_5       -  16_7
   3_37          3866         813           4_66


   _96_         9_3_         5_5_          _062
-  14_2      -  12_0      -  1527       -  39_0
   7_94         8571         38_6          4_0_


   _134         _1_5         8_72          94_1
-  49_0      -  418_      -  _2_7       -  3_39
   1_1_         2_38         135           563_
```

$$
\begin{array}{r}
96\_6 \\
- \ \_142 \\
\hline
8\_3\_
\end{array}
\qquad
\begin{array}{r}
6\_5\_ \\
- \ 60\_4 \\
\hline
951
\end{array}
\qquad
\begin{array}{r}
\_690 \\
- \ 65\_9 \\
\hline
2\_3\_
\end{array}
\qquad
\begin{array}{r}
5\_6\_ \\
- \ \_4\_3 \\
\hline
2270
\end{array}
$$

$$
\begin{array}{r}
3\_4\_ \\
- \ 2709 \\
\hline
\_1\_6
\end{array}
\qquad
\begin{array}{r}
\_27\_ \\
- \ 68\_5 \\
\hline
407
\end{array}
\qquad
\begin{array}{r}
91\_9 \\
- \ 8\_4\_ \\
\hline
425
\end{array}
\qquad
\begin{array}{r}
70\_2 \\
- \ 2001 \\
\hline
5\_6\_
\end{array}
$$

$$
\begin{array}{r}
8\_59 \\
- \ 69\_5 \\
\hline
151\_
\end{array}
\qquad
\begin{array}{r}
\_5\_2 \\
- \ 7\_7\_ \\
\hline
302
\end{array}
\qquad
\begin{array}{r}
4\_7\_ \\
- \ 28\_8 \\
\hline
1429
\end{array}
\qquad
\begin{array}{r}
42\_9 \\
- \ 2\_2\_ \\
\hline
1929
\end{array}
$$

```
   _23_          737_          _41_          6_33
-  3_59       -  42_8      -  40_6       -  _90_
   51_0          3_80          4_81          529
```

```
   61_1          8_9_          _52_          9_38
-  237_       -  3191      -  2_84       -  _3_2
   3_34          52_8          26_6          205_
```

```
   61_8          8_77          373_          89_3
-  2_52       -  _33_      -  2_42       -  8732
   350_          39_7          893           241
```

```
   9972          _9_5          9_2_          9231
-  4_0_        - 7_8_        - _3_0        - 52_9
  55_4          1452          335          3_6_
```

```
  4_77          33_3          2261          5_03
- 161_        - 2131        - 12_3        - _4_2
  32_8          1_3_          998           91
```

```
  60_6          70_8          _36_          _78_
- 3_17        - 107_        - 17_7        - 36_3
  228_          5_82          1_64          110
```

```
   36_9        58_7        85_0        4_62
-  3_12      -  _571     -  1_26     -  _9_1
   317         3_7_        _36_        181_


   6_04        879_        50_4        _181
-  152_      -  7_47     -  2_64     -  59_4
   45_4        17_2        _24_        1_2_


   4266        72_7        73_9        _88_
-  39_4      -  422_     -  2134     -  20_6
   342         3_48        5_0_        7_80
```

(45)

```
   _0_1          9_73          5_50          9_61
-  378_       -  _2_6       -  26_8       -  _93_
   5_75          836_          293_          72_1
```

```
   810_          _67_          9_4_          52_7
-  78_7       -  29_2       -  4598       -  5_11
   223           4_69          47_6          226
```

```
   44_5          9870          _8_6          1_4_
-  _072       -  54_6       -  1_2_       -  _4_1
   353           4_4_          5805          25
```

46

$$
\begin{array}{r}
5\_62 \\
-\ \_4\_6 \\
\hline
265\_ \\
\end{array}
\qquad
\begin{array}{r}
8\_8\_ \\
-\ \_1\_7 \\
\hline
5222 \\
\end{array}
\qquad
\begin{array}{r}
91\_7 \\
-\ 7\_1\_ \\
\hline
1234 \\
\end{array}
\qquad
\begin{array}{r}
97\_9 \\
-\ 3859 \\
\hline
5\_5\_ \\
\end{array}
$$

$$
\begin{array}{r}
8\_0\_ \\
-\ \_8\_3 \\
\hline
3223 \\
\end{array}
\qquad
\begin{array}{r}
77\_6 \\
-\ 625\_ \\
\hline
1\_30 \\
\end{array}
\qquad
\begin{array}{r}
7\_6\_ \\
-\ \_1\_9 \\
\hline
1558 \\
\end{array}
\qquad
\begin{array}{r}
9089 \\
-\ 40\_2 \\
\hline
5\_1\_ \\
\end{array}
$$

$$
\begin{array}{r}
\_3\_4 \\
-\ 183\_ \\
\hline
4\_66 \\
\end{array}
\qquad
\begin{array}{r}
6\_01 \\
-\ 107\_ \\
\hline
53\_0 \\
\end{array}
\qquad
\begin{array}{r}
24\_9 \\
-\ 2\_87 \\
\hline
32 \\
\end{array}
\qquad
\begin{array}{r}
\_01\_ \\
-\ 59\_1 \\
\hline
53 \\
\end{array}
$$

```
   7_77          8617          572_          8_5_
-  _0_9      -  2_5_      -  46_4      -  2455
   512_          60_3          1_85          62_7


   _45_          3_6_          8_75          9_4_
-  10_2      -  1221      -  144_      -  2710
   2_14          23_7          70_4          67_2


   7_65          4_95          _34_          9837
-  _63_      -  _16_      -  48_8      -  7_3_
   63_1          10_1          448           24_8
```

48

```
   62_7          _88_         6576          _3_9
-  572_       -  18_7      -  5_0_       -  6_5_
   524           4_83        14_9          1457


   68_9         3276         _626          9_92
-  645_       -  28_1      -  27_0      -  884_
   358          395          6_2_         10_7


   9_72         81_8         8_3_         70_1
-  _5_0       -  789_      -  22_3      -  3_9_
   170_         297          6182         3819
```

**Subtrahierende Brüche.**

**Ex.**

1 ) $8\frac{6}{11} - 3\frac{5}{22} =$   $8\frac{12}{22} - 3\frac{5}{22} =$   $5\frac{7}{22}$

2 ) $7\frac{16}{23} - 3\frac{9}{46} =$

3 ) $7\frac{9}{22} - 1\frac{1}{11} =$

4 ) $7\frac{10}{58} - 4\frac{1}{29} =$

5 ) $9\frac{7}{29} - 1\frac{12}{58} =$

6 ) $5\frac{6}{11} - 3\frac{7}{55} =$

7 ) $6\frac{8}{9} - 3\frac{3}{5} =$

8 ) $8\frac{10}{16} - 2\frac{1}{8} =$

9 ) $7\frac{2}{10} - 4\frac{1}{5} =$

10 ) $5\frac{3}{6} - 3\frac{1}{3} =$

1)  $6\frac{3}{4} - 2\frac{3}{5} =$

2)  $5\frac{2}{4} - 1\frac{13}{52} =$

3)  $5\frac{1}{7} - 3\frac{4}{28} =$

4)  $8\frac{3}{4} - 1\frac{11}{28} =$

5)  $7\frac{15}{58} - 3\frac{7}{29} =$

6)  $9\frac{3}{4} - 4\frac{4}{13} =$

7)  $7\frac{3}{6} - 3\frac{1}{3} =$

8)  $7\frac{13}{58} - 1\frac{4}{29} =$

9)  $5\frac{2}{7} - 1\frac{1}{4} =$

10)  $8\frac{6}{13} - 3\frac{4}{26} =$

1) $9\frac{7}{11} - 2\frac{3}{22} =$

2) $9\frac{11}{29} - 2\frac{16}{58} =$

3) $7\frac{13}{18} - 3\frac{3}{12} =$

4) $8\frac{1}{3} - 4\frac{15}{48} =$

5) $6\frac{5}{7} - 3\frac{10}{21} =$

6) $7\frac{8}{12} - 3\frac{1}{3} =$

7) $6\frac{10}{29} - 2\frac{11}{58} =$

8) $7\frac{2}{6} - 4\frac{3}{12} =$

9) $5\frac{8}{9} - 1\frac{15}{27} =$

10) $7\frac{2}{4} - 4\frac{3}{13} =$

1) $6\frac{12}{18} - 2\frac{1}{3} =$

2) $6\frac{3}{4} - 4\frac{15}{52} =$

3) $5\frac{12}{13} - 2\frac{15}{26} =$

4) $8\frac{4}{6} - 3\frac{13}{42} =$

5) $8\frac{2}{11} - 2\frac{1}{22} =$

6) $5\frac{5}{8} - 3\frac{2}{4} =$

7) $9\frac{13}{29} - 4\frac{14}{58} =$

8) $9\frac{14}{18} - 2\frac{3}{6} =$

9) $7\frac{11}{18} - 2\frac{3}{9} =$

10) $9\frac{5}{8} - 2\frac{2}{4} =$

1) $6\frac{9}{11} - 2\frac{4}{22} =$

2) $5\frac{12}{13} - 3\frac{15}{26} =$

3) $9\frac{2}{9} - 2\frac{1}{6} =$

4) $7\frac{6}{8} - 3\frac{2}{32} =$

5) $9\frac{12}{45} - 2\frac{2}{15} =$

6) $9\frac{8}{10} - 1\frac{5}{50} =$

7) $8\frac{10}{13} - 4\frac{10}{26} =$

8) $6\frac{1}{4} - 2\frac{4}{32} =$

9) $9\frac{3}{5} - 2\frac{3}{9} =$

10) $7\frac{10}{18} - 2\frac{1}{6} =$

1) $9\frac{4}{11} - 4\frac{12}{55} =$

2) $7\frac{4}{5} - 3\frac{8}{10} =$

3) $9\frac{6}{7} - 4\frac{13}{21} =$

4) $8\frac{9}{22} - 2\frac{3}{11} =$

5) $6\frac{11}{29} - 1\frac{16}{58} =$

6) $7\frac{6}{8} - 3\frac{14}{32} =$

7) $8\frac{8}{11} - 1\frac{13}{22} =$

8) $9\frac{7}{11} - 2\frac{13}{22} =$

9) $9\frac{8}{9} - 4\frac{8}{45} =$

10) $8\frac{3}{6} - 3\frac{5}{14} =$

1) $9\frac{10}{52} - 3\frac{1}{26} =$

2) $5\frac{5}{9} - 1\frac{12}{27} =$

3) $8\frac{6}{9} - 1\frac{3}{5} =$

4) $6\frac{3}{4} - 1\frac{2}{3} =$

5) $8\frac{7}{13} - 4\frac{3}{26} =$

6) $8\frac{8}{9} - 2\frac{10}{45} =$

7) $9\frac{2}{4} - 2\frac{2}{52} =$

8) $9\frac{12}{30} - 1\frac{7}{60} =$

9) $9\frac{1}{5} - 3\frac{2}{50} =$

10) $9\frac{2}{13} - 1\frac{3}{26} =$

1) $9\frac{16}{29} - 4\frac{13}{58} =$

2) $9\frac{5}{14} - 3\frac{1}{6} =$

3) $7\frac{2}{3} - 3\frac{3}{18} =$

4) $7\frac{3}{7} - 3\frac{5}{21} =$

5) $7\frac{4}{5} - 3\frac{1}{4} =$

6) $7\frac{6}{48} - 3\frac{3}{24} =$

7) $9\frac{2}{6} - 3\frac{10}{42} =$

8) $7\frac{15}{21} - 1\frac{2}{7} =$

9) $8\frac{12}{46} - 1\frac{5}{23} =$

10) $9\frac{7}{45} - 4\frac{1}{15} =$

1)  $9\frac{4}{11} - 1\frac{2}{22} =$

2)  $8\frac{5}{26} - 1\frac{1}{13} =$

3)  $6\frac{3}{10} - 1\frac{5}{40} =$

4)  $9\frac{2}{3} - 3\frac{2}{4} =$

5)  $5\frac{5}{6} - 2\frac{1}{12} =$

6)  $7\frac{14}{27} - 3\frac{1}{9} =$

7)  $8\frac{1}{4} - 1\frac{1}{8} =$

8)  $6\frac{2}{4} - 4\frac{1}{6} =$

9)  $8\frac{4}{5} - 3\frac{4}{10} =$

10)  $6\frac{11}{45} - 4\frac{1}{9} =$

1) $5\frac{9}{24} - 3\frac{4}{12} =$

2) $5\frac{14}{23} - 1\frac{5}{46} =$

3) $5\frac{11}{29} - 4\frac{12}{58} =$

4) $8\frac{14}{16} - 2\frac{1}{8} =$

5) $7\frac{14}{58} - 1\frac{1}{29} =$

6) $5\frac{2}{6} - 3\frac{2}{10} =$

7) $8\frac{7}{11} - 1\frac{5}{22} =$

8) $6\frac{2}{3} - 2\frac{15}{48} =$

9) $9\frac{7}{11} - 3\frac{13}{55} =$

10) $7\frac{1}{4} - 3\frac{7}{28} =$

(59)

1) $7\frac{1}{3} - 4\frac{2}{42} =$

2) $5\frac{8}{16} - 3\frac{10}{32} =$

3) $7\frac{5}{15} - 1\frac{7}{45} =$

4) $6\frac{9}{26} - 4\frac{5}{52} =$

5) $5\frac{8}{9} - 4\frac{10}{15} =$

6) $5\frac{14}{16} - 2\frac{10}{48} =$

7) $6\frac{8}{20} - 1\frac{5}{40} =$

8) $8\frac{3}{5} - 2\frac{10}{20} =$

9) $9\frac{13}{16} - 4\frac{5}{12} =$

10) $6\frac{5}{52} - 4\frac{1}{13} =$

1)  $9\frac{3}{5} - 2\frac{6}{20} =$

2)  $7\frac{15}{20} - 3\frac{2}{4} =$

3)  $9\frac{3}{7} - 2\frac{3}{28} =$

4)  $8\frac{4}{5} - 4\frac{2}{3} =$

5)  $7\frac{7}{10} - 1\frac{1}{4} =$

6)  $7\frac{12}{32} - 4\frac{4}{16} =$

7)  $8\frac{2}{3} - 3\frac{10}{24} =$

8)  $5\frac{9}{27} - 3\frac{2}{6} =$

9)  $8\frac{4}{6} - 4\frac{2}{5} =$

10)  $9\frac{10}{21} - 2\frac{1}{7} =$

# LÖSUNGSSCHLÜSSEL

9-2=7

11-5=6

5-1=4

14-3=11

## 1

1) __ - 42 = 56     Answer = 98     2) 58 - __ = 3     Answer = 55

3) __ - 48 = 24     Answer = 72     4) __ - 37 = 62     Answer = 99

5) __ - 56 = 24     Answer = 80     6) 91 - __ = 16     Answer = 75

7) 89 - __ = 30     Answer = 59     8) __ - 50 = 45     Answer = 95

9) __ - 37 = 20     Answer = 57     10) __ - 49 = 30     Answer = 79

11) 81 - __ = 27     Answer = 54     12) 79 - __ = 4     Answer = 75

## 2

1) __ - 80 = 12     Answer = 92     2) __ - 63 = 33     Answer = 96

3) 90 - __ = 55     Answer = 35     4) __ - 58 = 2     Answer = 60

5) 91 - __ = 11     Answer = 80     6) 45 - __ = 5     Answer = 40

7) __ - 58 = 7     Answer = 65     8) 97 - __ = 11     Answer = 86

9) __ - 85 = 12     Answer = 97     10) 51 - __ = 17     Answer = 34

11) 89 - __ = 10     Answer = 79     12) __ - 56 = 14     Answer = 70

## 3

1) 66 - __ = 8     Answer = 58     2) __ - 64 = 17     Answer = 81

3) __ - 60 = 26     Answer = 86     4) 79 - __ = 31     Answer = 48

5) 85 - __ = 46     Answer = 39     6) __ - 51 = 24     Answer = 75

7) __ - 48 = 9     Answer = 57     8) 46 - __ = 1     Answer = 45

9) 93 - __ = 38     Answer = 55     10) __ - 38 = 12     Answer = 50

11) __ - 46 = 39     Answer = 85     12) 59 - __ = 3     Answer = 56

## 4

1) 99 - __ = 19     Answer = 80     2) 68 - __ = 19     Answer = 49

3) __ - 35 = 48     Answer = 83     4) __ - 36 = 36     Answer = 72

5) __ - 30 = 58     Answer = 88     6) __ - 51 = 2     Answer = 53

7) 74 - __ = 8     Answer = 66     8) __ - 49 = 15     Answer = 64

9) 59 - __ = 28     Answer = 31     10) __ - 58 = 21     Answer = 79

11) 94 - __ = 24     Answer = 70     12) __ - 66 = 7     Answer = 73

## 5

1 ) __ - 47 = 51    Answer = 98    2 ) __ - 41 = 20    Answer = 61

3 ) 96 - __ = 17    Answer = 79    4 ) __ - 84 = 7    Answer = 91

5 ) __ - 38 = 1    Answer = 39    6 ) __ - 42 = 24    Answer = 66

7 ) 82 - __ = 26    Answer = 56    8 ) 77 - __ = 28    Answer = 49

9 ) 60 - __ = 22    Answer = 38    10 ) __ - 38 = 58    Answer = 96

11 ) 99 - __ = 25    Answer = 74    12 ) 64 - __ = 14    Answer = 50

## 6

1 ) 90 - __ = 26    Answer = 64    2 ) __ - 84 = 11    Answer = 95

3 ) 51 - __ = 16    Answer = 35    4 ) 90 - __ = 40    Answer = 50

5 ) __ - 62 = 21    Answer = 83    6 ) 92 - __ = 31    Answer = 61

7 ) 47 - __ = 15    Answer = 32    8 ) 94 - __ = 21    Answer = 73

9 ) __ - 49 = 50    Answer = 99    10 ) 97 - __ = 58    Answer = 39

11 ) __ - 38 = 40    Answer = 78    12 ) __ - 51 = 5    Answer = 56

## 7

1 ) 48 - __ = 2    Answer = 46    2 ) 99 - __ = 11    Answer = 88

3 ) __ - 50 = 22    Answer = 72    4 ) 71 - __ = 5    Answer = 66

5 ) __ - 40 = 40    Answer = 80    6 ) 73 - __ = 25    Answer = 48

7 ) 73 - __ = 2    Answer = 71    8 ) __ - 46 = 38    Answer = 84

9 ) 63 - __ = 26    Answer = 37    10 ) __ - 40 = 59    Answer = 99

11 ) 92 - __ = 27    Answer = 65    12 ) 61 - __ = 14    Answer = 47

## 8

1 ) __ - 55 = 7    Answer = 62    2 ) __ - 91 = 1    Answer = 92

3 ) 89 - __ = 57    Answer = 32    4 ) __ - 50 = 41    Answer = 91

5 ) 87 - __ = 17    Answer = 70    6 ) __ - 64 = 9    Answer = 73

7 ) 89 - __ = 34    Answer = 55    8 ) 84 - __ = 23    Answer = 61

9 ) 62 - __ = 23    Answer = 39    10 ) __ - 42 = 10    Answer = 52

11 ) 62 - __ = 31    Answer = 31    12 ) 59 - __ = 11    Answer = 48

**9**

1 ) __ - 63 = 23    Answer = 86    2 ) 96 - __ = 58    Answer = 38

3 ) 94 - __ = 27    Answer = 67    4 ) __ - 57 = 3    Answer = 60

5 ) __ - 80 = 7    Answer = 87    6 ) __ - 51 = 16    Answer = 67

7 ) 96 - __ = 51    Answer = 45    8 ) 82 - __ = 9    Answer = 73

9 ) 84 - __ = 34    Answer = 50    10 ) __ - 55 = 4    Answer = 59

11 ) 77 - __ = 29    Answer = 48    12 ) 49 - __ = 3    Answer = 46

**10**

1 ) 81 - __ = 5    Answer = 76    2 ) __ - 34 = 25    Answer = 59

3 ) 76 - __ = 16    Answer = 60    4 ) __ - 35 = 38    Answer = 73

5 ) __ - 34 = 65    Answer = 99    6 ) 79 - __ = 38    Answer = 41

7 ) 79 - __ = 34    Answer = 45    8 ) __ - 53 = 26    Answer = 79

9 ) 86 - __ = 1    Answer = 85    10 ) 75 - __ = 35    Answer = 40

11 ) 78 - __ = 23    Answer = 55    12 ) __ - 72 = 15    Answer = 87

**11**

1 ) 98 - __ = 30    Answer = 68    2 ) 55 - __ = 25    Answer = 30

3 ) 99 - __ = 8    Answer = 91    4 ) 58 - __ = 4    Answer = 54

5 ) 93 - __ = 16    Answer = 77    6 ) __ - 56 = 13    Answer = 69

7 ) __ - 31 = 39    Answer = 70    8 ) __ - 48 = 20    Answer = 68

9 ) __ - 53 = 33    Answer = 86    10 ) 87 - __ = 30    Answer = 57

11 ) __ - 51 = 15    Answer = 66    12 ) 53 - __ = 5    Answer = 48

**12**

1 ) __ - 45 = 51    Answer = 96    2 ) 79 - __ = 12    Answer = 67

3 ) __ - 35 = 15    Answer = 50    4 ) 73 - __ = 18    Answer = 55

5 ) __ - 47 = 50    Answer = 97    6 ) __ - 44 = 31    Answer = 75

7 ) __ - 30 = 21    Answer = 51    8 ) __ - 77 = 6    Answer = 83

9 ) 93 - __ = 12    Answer = 81    10 ) __ - 53 = 33    Answer = 86

11 ) 81 - __ = 14    Answer = 67    12 ) 72 - __ = 20    Answer = 52

## 13

1) ____ + 9 = 11
   11 - 9 = ____

2) ____ + 1 = 5
   5 - 1 = ____

3) ____ + 2 = 20
   20 - 2 = ____

4) ____ + 12 = 17
   17 - 12 = ____

5) ____ + 1 = 20
   20 - 1 = ____

6) ____ + 4 = 6
   6 - 4 = ____

7) ____ + 5 = 14
   14 - 5 = ____

8) ____ + 17 = 19
   19 - 17 = ____

9) ____ + 1 = 19
   19 - 1 = ____

10) ____ + 16 = 18
    18 - 16 = ____

1. 2
2. 4
3. 18
4. 5
5. 19
6. 2
7. 9
8. 2
9. 18
10. 2

## 14

1) ____ + 13 = 18
   18 - 13 = ____

2) ____ + 1 = 15
   15 - 1 = ____

3) ____ + 4 = 19
   19 - 4 = ____

4) ____ + 2 = 20
   20 - 2 = ____

5) ____ + 5 = 12
   12 - 5 = ____

6) ____ + 10 = 17
   17 - 10 = ____

7) ____ + 14 = 17
   17 - 14 = ____

8) ____ + 2 = 13
   13 - 2 = ____

9) ____ + 3 = 12
   12 - 3 = ____

10) ____ + 14 = 18
    18 - 14 = ____

1. 5
2. 14
3. 15
4. 18
5. 7
6. 7
7. 3
8. 11
9. 9
10. 4

## 15

1) ____ + 5 = 18
   18 - 5 = ____

2) ____ + 3 = 19
   19 - 3 = ____

3) ____ + 5 = 17
   17 - 5 = ____

4) ____ + 10 = 13
   13 - 10 = ____

5) ____ + 2 = 20
   20 - 2 = ____

6) ____ + 14 = 17
   17 - 14 = ____

7) ____ + 8 = 16
   16 - 8 = ____

8) ____ + 2 = 17
   17 - 2 = ____

9) ____ + 6 = 19
   19 - 6 = ____

10) ____ + 7 = 20
    20 - 7 = ____

1. 13
2. 16
3. 12
4. 3
5. 18
6. 3
7. 8
8. 15
9. 13
10. 13

## 16

1) ____ + 1 = 18
   18 - 1 = ____

2) ____ + 7 = 9
   9 - 7 = ____

3) ____ + 14 = 18
   18 - 14 = ____

4) ____ + 1 = 7
   7 - 1 = ____

5) ____ + 1 = 12
   12 - 1 = ____

6) ____ + 2 = 16
   16 - 2 = ____

7) ____ + 15 = 19
   19 - 15 = ____

8) ____ + 11 = 16
   16 - 11 = ____

9) ____ + 3 = 18
   18 - 3 = ____

10) ____ + 4 = 14
    14 - 4 = ____

1. 17
2. 2
3. 4
4. 6
5. 11
6. 14
7. 4
8. 5
9. 15
10. 10

## 17

**1)** _____ + 1 = 9
    9 - 1 = _____

**2)** _____ + 10 = 12
    12 - 10 = _____

**3)** _____ + 1 = 17
    17 - 1 = _____

**4)** _____ + 3 = 18
    18 - 3 = _____

**5)** _____ + 3 = 13
    13 - 3 = _____

**6)** _____ + 2 = 17
    17 - 2 = _____

**7)** _____ + 3 = 9
    9 - 3 – _____

**8)** _____ + 4 = 11
    11 - 4 = _____

**9)** _____ + 13 = 17
    17 - 13 = _____

**10)** _____ + 2 = 9
    9 - 2 = _____

1. _____ 8
2. _____ 2
3. _____ 16
4. _____ 15
5. _____ 10
6. _____ 15
7. _____ 6
8. _____ 7
9. _____ 4
10. _____ 7

## 18

**1)** _____ + 6 = 20
    20 - 6 = _____

**2)** _____ + 2 = 11
    11 - 2 = _____

**3)** _____ + 2 = 17
    17 - 2 = _____

**4)** _____ + 1 = 18
    18 - 1 = _____

**5)** _____ + 2 = 5
    5 - 2 = _____

**6)** _____ + 1 = 20
    20 - 1 = _____

**7)** _____ + 6 = 16
    16 - 6 = _____

**8)** _____ + 7 – 17
    17 - 7 = _____

**9)** _____ + 3 = 18
    18 - 3 = _____

**10)** _____ + 8 = 20
    20 - 8 = _____

1. _____ 14
2. _____ 9
3. _____ 15
4. _____ 17
5. _____ 3
6. _____ 19
7. _____ 10
8. _____ 10
9. _____ 15
10. _____ 12

## 19

**1)** _____ + 1 = 20
    20 - 1 = _____

**2)** _____ + 3 = 6
    6 - 3 = _____

**3)** _____ + 1 = 19
    19 - 1 = _____

**4)** _____ + 4 = 7
    7 - 4 = _____

**5)** _____ + 3 = 18
    18 - 3 = _____

**6)** _____ + 6 = 11
    11 - 6 = _____

**7)** _____ + 6 = 12
    12 - 6 = _____

**8)** _____ + 11 = 19
    19 - 11 = _____

**9)** _____ + 16 = 18
    18 - 16 = _____

**10)** _____ + 5 = 10
    10 - 5 = _____

1. _____ 19
2. _____ 3
3. _____ 18
4. _____ 3
5. _____ 15
6. _____ 5
7. _____ 6
8. _____ 8
9. _____ 2
10. _____ 5

## 20

**1)** _____ + 4 = 16
    16 - 4 = _____

**2)** _____ + 5 = 8
    8 - 5 = _____

**3)** _____ + 5 = 11
    11 - 5 = _____

**4)** _____ + 1 = 20
    20 - 1 = _____

**5)** _____ + 2 = 15
    15 - 2 = _____

**6)** _____ + 12 = 20
    20 - 12 – _____

**7)** _____ + 10 = 18
    18 - 10 = _____

**8)** _____ + 3 = 19
    19 - 3 = _____

**9)** _____ + 2 = 5
    5 - 2 = _____

**10)** _____ + 2 = 17
    17 - 2 = _____

1. _____ 12
2. _____ 3
3. _____ 6
4. _____ 19
5. _____ 13
6. _____ 8
7. _____ 8
8. _____ 16
9. _____ 3
10. _____ 15

## 21

**1)** ____ + 6 = 20
20 - 6 = ____

**2)** ____ + 1 = 20
20 - 1 = ____

1. ____ 14
2. ____ 19
3. ____ 10

**3)** ____ + 9 = 19
19 - 9 = ____

**4)** ____ + 8 = 18
18 - 8 = ____

4. ____ 10
5. ____ 18
6. ____ 18

**5)** ____ + 2 = 20
20 - 2 = ____

**6)** ____ + 1 = 19
19 - 1 = ____

7. ____ 12
8. ____ 2

**7)** ____ + 3 = 15
15 - 3 = ____

**8)** ____ + 15 = 17
17 - 15 = ____

9. ____ 4
10. ____ 10

**9)** ____ + 1 = 5
5 - 1 = ____

**10)** ____ + 2 = 12
12 - 2 = ____

## 22

**1)** ____ + 1 = 20
20 - 1 = ____

**2)** ____ + 7 = 12
12 - 7 = ____

1. ____ 19
2. ____ 5
3. ____ 15

**3)** ____ + 4 = 19
19 - 4 = ____

**4)** ____ + 6 = 19
19 - 6 = ____

4. ____ 13
5. ____ 15
6. ____ 7

**5)** ____ + 2 = 17
17 - 2 = ____

**6)** ____ + 12 = 19
19 - 12 = ____

7. ____ 2
8. ____ 8

**7)** ____ + 17 = 19
19 - 17 = ____

**8)** ____ + 1 = 9
9 - 1 = ____

9. ____ 2
10. ____ 3

**9)** ____ + 4 = 6
6 - 4 = ____

**10)** ____ + 3 = 6
6 - 3 = ____

## 23

**1)** ____ + 3 = 20
20 - 3 = ____

**2)** ____ + 10 = 19
19 - 10 = ____

1. ____ 17
2. ____ 9
3. ____ 10

**3)** ____ + 1 = 11
11 - 1 = ____

**4)** ____ + 3 = 13
13 - 3 = ____

4. ____ 10
5. ____ 2
6. ____ 5

**5)** ____ + 6 = 8
8 - 6 = ____

**6)** ____ + 7 = 12
12 - 7 = ____

7. ____ 15
8. ____ 18
9. ____ 18

**7)** ____ + 2 = 17
17 - 2 = ____

**8)** ____ + 1 = 19
19 - 1 = ____

10. ____ 19

**9)** ____ + 2 = 20
20 - 2 = ____

**10)** ____ + 1 = 20
20 - 1 = ____

## 24

**1)** ____ + 6 = 19
19 - 6 = ____

**2)** ____ + 1 = 14
14 - 1 = ____

1. ____ 13
2. ____ 13
3. ____ 12

**3)** ____ + 4 = 16
16 - 4 = ____

**4)** ____ + 3 = 15
15 - 3 = ____

4. ____ 12
5. ____ 18
6. ____ 19

**5)** ____ + 1 = 19
19 - 1 = ____

**6)** ____ + 1 = 20
20 - 1 = ____

7. ____ 11
8. ____ 6
9. ____ 10

**7)** ____ + 9 = 20
20 - 9 = ____

**8)** ____ + 4 = 10
10 - 4 = ____

10. ____ 15

**9)** ____ + 6 = 16
16 - 6 = ____

**10)** ____ + 3 = 18
18 - 3 = ____

## 25

1) 7,435 − 3,021 = 4,414
2) 5,277 − 3,736 = 1,541
3) 2,537 − 1,949 = 588
4) 1,647 − 1,030 = 617
5) 7,207 − 4,198 = 3,009
6) 6,115 − 5,526 = 589
7) 9,700 − 2,919 = 6,781
8) 6,141 − 3,505 = 2,636
9) 2,195 − 1,271 = 924
10) 6,334 − 4,254 = 2,080

1. 4,414
2. 1,541
3. 588
4. 617
5. 3,009
6. 589
7. 6,781
8. 2,636
9. 924
10. 2,080

## 26

1) 8,150 − 1,474 = 6,676
2) 3,806 − 2,715 = 1,091
3) 3,916 − 3,602 = 314
4) 5,393 − 3,018 = 2,375
5) 3,707 − 1,930 = 1,777
6) 7,422 − 2,430 = 4,992
7) 2,636 − 1,337 = 1,299
8) 6,677 − 2,808 = 3,869
9) 4,825 − 3,562 = 1,263
10) 7,714 − 3,306 = 4,408

1. 6,676
2. 1,091
3. 314
4. 2,375
5. 1,777
6. 4,992
7. 1,299
8. 3,869
9. 1,263
10. 4,408

## 27

1) 1,585 − 1,276 = 309
2) 6,298 − 5,900 = 398
3) 1,210 − 1,183 = 27
4) 1,417 − 1,110 = 307
5) 3,212 − 2,537 = 675
6) 4,969 − 2,024 = 2,945
7) 5,455 − 3,980 = 1,475
8) 9,932 − 2,336 = 7,596
9) 7,644 − 3,937 = 3,707
10) 1,367 − 1,295 = 72

1. 309
2. 398
3. 27
4. 307
5. 675
6. 2,945
7. 1,475
8. 7,596
9. 3,707
10. 72

## 28

1) 5,279 − 2,516 = 2,763
2) 2,634 − 2,577 = 57
3) 6,751 − 2,784 = 3,967
4) 3,933 − 2,945 = 988
5) 4,326 − 1,063 = 3,263
6) 4,341 − 2,271 = 2,070
7) 4,792 − 2,260 = 2,532
8) 4,590 − 2,194 = 2,396
9) 1,962 − 1,670 = 292
10) 7,337 − 1,655 = 5,682

1. 2,763
2. 57
3. 3,967
4. 988
5. 3,263
6. 2,070
7. 2,532
8. 2,396
9. 292
10. 5,682

## 29

**1)**  8,625
− 8,421
204

**2)**  2,143
− 1,653
490

**3)**  3,627
− 2,097
1,530

**4)**  4,718
− 3,942
776

**5)**  1,351
− 1,345
6

**6)**  1,122
− 1,059
63

**7)**  5,998
− 4,985
1,013

**8)**  6,719
− 3,156
3,563

**9)**  9,993
− 7,318
2,675

**10)**  3,922
− 3,539
383

1. 204
2. 490
3. 1,530
4. 776
5. 6
6. 63
7. 1,013
8. 3,563
9. 2,675
10. 383

## 30

**1)**  1,492
− 1,065
427

**2)**  9,272
− 2,052
7,220

**3)**  5,332
− 1,212
4,120

**4)**  2,593
− 2,550
43

**5)**  3,174
− 1,571
1,603

**6)**  6,861
− 5,533
1,328

**7)**  9,276
− 6,863
2,413

**8)**  5,445
− 1,527
3,918

**9)**  3,509
− 1,420
2,089

**10)**  6,753
− 4,718
2,035

1. 427
2. 7,220
3. 4,120
4. 43
5. 1,603
6. 1,328
7. 2,413
8. 3,918
9. 2,089
10. 2,035

## 31

**1)**  3,481
− 1,091
2,390

**2)**  2,738
− 1,355
1,383

**3)**  9,117
− 6,234
2,883

**4)**  5,072
− 4,386
686

**5)**  1,005
− 1,004
1

**6)**  8,320
− 8,224
96

**7)**  4,208
− 2,419
1,789

**8)**  3,794
− 1,264
2,530

**9)**  4,824
− 1,860
2,964

**10)**  9,589
− 9,479
110

1. 2,390
2. 1,383
3. 2,883
4. 686
5. 1
6. 96
7. 1,789
8. 2,530
9. 2,964
10. 110

## 32

**1)**  4,681
− 1,609
3,072

**2)**  6,494
− 4,809
1,685

**3)**  8,488
− 6,623
1,865

**4)**  6,590
− 2,337
4,253

**5)**  8,397
− 3,387
5,010

**6)**  1,907
− 1,805
102

**7)**  2,820
− 2,248
572

**8)**  5,493
− 1,203
4,290

**9)**  6,265
− 1,466
4,799

**10)**  1,478
− 1,053
425

1. 3,072
2. 1,685
3. 1,865
4. 4,253
5. 5,010
6. 102
7. 572
8. 4,290
9. 4,799
10. 425

## 33

1) 3,018 − 2,697 = 321
2) 4,555 − 2,900 = 1,655
3) 4,856 − 2,125 = 2,731
4) 3,593 − 2,884 = 709

5) 5,290 − 4,595 = 695
6) 8,189 − 3,229 = 4,960
7) 8,243 − 4,907 = 3,336
8) 3,561 − 1,098 = 2,463

9) 8,460 − 4,691 = 3,769
10) 9,187 − 1,997 = 7,190

1. 321
2. 1,655
3. 2,731
4. 709
5. 695
6. 4,960
7. 3,336
8. 2,463
9. 3,769
10. 7,190

## 34

1) 4,398 − 3,408 = 990
2) 5,211 − 1,527 = 3,684
3) 1,835 − 1,499 = 336
4) 2,992 − 2,125 = 867

5) 8,857 − 3,752 = 5,105
6) 4,155 − 3,799 = 356
7) 6,873 − 4,695 = 2,178
8) 1,458 − 1,071 = 387

9) 8,049 − 5,137 = 2,912
10) 4,419 − 2,259 = 2,160

1. 990
2. 3,684
3. 336
4. 867
5. 5,105
6. 356
7. 2,178
8. 387
9. 2,912
10. 2,160

## 35

1) 1,716 − 1,279 = 437
2) 6,985 − 2,496 = 4,489
3) 9,046 − 1,016 = 8,030
4) 7,595 − 5,302 = 2,293

5) 4,357 − 3,839 = 518
6) 2,215 − 1,976 = 239
7) 7,047 − 3,056 = 3,991
8) 3,115 − 1,863 = 1,252

9) 8,977 − 8,150 = 827
10) 3,994 − 3,443 = 551

1. 437
2. 4,489
3. 8,030
4. 2,293
5. 518
6. 239
7. 3,991
8. 1,252
9. 827
10. 551

## 36

1) 5,117 − 4,783 = 334
2) 3,712 − 3,074 = 638
3) 1,574 − 1,096 = 478
4) 4,179 − 4,111 = 68

5) 7,735 − 6,474 = 1,261
6) 2,814 − 1,110 = 1,704
7) 8,424 − 1,798 = 6,626
8) 2,041 − 1,443 = 598

9) 4,055 − 3,281 = 774
10) 2,018 − 1,054 = 964

1. 334
2. 638
3. 478
4. 68
5. 1,261
6. 1,704
7. 6,626
8. 598
9. 774
10. 964

## 37

| | | | |
|---|---|---|---|
| 7218<br>- 4130<br>3088 | 5359<br>- 4790<br>569 | 9896<br>- 9784<br>112 | 7964<br>- 1720<br>6244 |
| 9777<br>- 4880<br>4897 | 9904<br>- 4951<br>4953 | 7527<br>- 2702<br>4825 | 8343<br>- 4362<br>3981 |
| 9356<br>- 5215<br>4141 | 2513<br>- 2169<br>344 | 9762<br>- 7537<br>2225 | 7584<br>- 1328<br>6256 |

## 38

| | | | |
|---|---|---|---|
| 3937<br>- 3891<br>46 | 7795<br>- 5891<br>1904 | 7571<br>- 5086<br>2485 | 8379<br>- 4461<br>3918 |
| 7191<br>- 1158<br>6033 | 4691<br>- 1880<br>2811 | 7688<br>- 4573<br>3115 | 9598<br>- 1504<br>8094 |
| 8542<br>- 4241<br>4301 | 8109<br>- 3403<br>4706 | 8469<br>- 4612<br>3857 | 9935<br>- 6095<br>3840 |

## 39

| | | | |
|---|---|---|---|
| 4468<br>- 2127<br>2341 | 8681<br>- 4138<br>4543 | 8445<br>- 3563<br>4882 | 3710<br>- 2174<br>1536 |
| 5532<br>- 1828<br>3704 | 6951<br>- 2236<br>4715 | 8639<br>- 2308<br>6331 | 4345<br>- 3215<br>1130 |
| 7950<br>- 4873<br>3077 | 9996<br>- 6441<br>3555 | 6369<br>- 3728<br>2641 | 7414<br>- 3308<br>4106 |

## 40

| | | | |
|---|---|---|---|
| 8587<br>- 5150<br>3437 | 7941<br>- 4075<br>3866 | 5548<br>- 4735<br>813 | 6403<br>- 1637<br>4766 |
| 8966<br>- 1472<br>7494 | 9831<br>- 1260<br>8571 | 5353<br>- 1527<br>3826 | 8062<br>- 3960<br>4102 |
| 6134<br>- 4920<br>1214 | 7125<br>- 4187<br>2938 | 8372<br>- 8237<br>135 | 9471<br>- 3839<br>5632 |

## 41

| | | | |
|---|---|---|---|
| 9676 | 6955 | 8690 | 5763 |
| - 1142 | - 6004 | - 6559 | - 3493 |
| 8534 | 951 | 2131 | 2270 |

| | | | |
|---|---|---|---|
| 3845 | 7272 | 9169 | 7062 |
| - 2709 | - 6865 | - 8744 | - 2001 |
| 1136 | 407 | 425 | 5061 |

| | | | |
|---|---|---|---|
| 8459 | 7572 | 4277 | 4249 |
| - 6945 | - 7270 | - 2848 | - 2320 |
| 1514 | 302 | 1429 | 1929 |

## 42

| | | | |
|---|---|---|---|
| 8239 | 7378 | 8417 | 6433 |
| - 3059 | - 4298 | - 4036 | - 5904 |
| 5180 | 3080 | 4381 | 529 |

| | | | |
|---|---|---|---|
| 6111 | 8399 | 5520 | 9438 |
| - 2377 | - 3191 | - 2884 | - 7382 |
| 3734 | 5208 | 2636 | 2056 |

| | | | |
|---|---|---|---|
| 6158 | 8277 | 3735 | 8973 |
| - 2652 | - 4330 | - 2842 | - 8732 |
| 3506 | 3947 | 893 | 241 |

## 43

| | | | |
|---|---|---|---|
| 9972 | 8935 | 9725 | 9231 |
| - 4408 | - 7483 | - 9390 | - 5269 |
| 5564 | 1452 | 335 | 3962 |

| | | | |
|---|---|---|---|
| 4877 | 3363 | 2261 | 5503 |
| - 1619 | - 2131 | - 1263 | - 5412 |
| 3258 | 1232 | 998 | 91 |

| | | | |
|---|---|---|---|
| 6006 | 7058 | 3361 | 3783 |
| - 3717 | - 1076 | - 1797 | - 3673 |
| 2289 | 5982 | 1564 | 110 |

## 44

| | | | |
|---|---|---|---|
| 3629 | 5847 | 8590 | 4762 |
| - 3312 | - 2571 | - 1226 | - 2951 |
| 317 | 3276 | 7364 | 1811 |

| | | | |
|---|---|---|---|
| 6104 | 8799 | 5004 | 7181 |
| - 1520 | - 7047 | - 2764 | - 5954 |
| 4584 | 1752 | 2240 | 1227 |

| | | | |
|---|---|---|---|
| 4266 | 7277 | 7339 | 9886 |
| - 3924 | - 4229 | - 2134 | - 2006 |
| 342 | 3048 | 5205 | 7880 |

## 45

| | | | |
|---|---|---|---|
| 9061<br>- 3786<br>5275 | 9573<br>- 1206<br>8367 | 5550<br>- 2618<br>2932 | 9161<br>- 1930<br>7231 |
| 8100<br>- 7877<br>223 | 7671<br>- 2902<br>4769 | 9344<br>- 4598<br>4746 | 5237<br>- 5011<br>226 |
| 4425<br>- 4072<br>353 | 9870<br>- 5426<br>4444 | 6826<br>- 1021<br>5805 | 1446<br>- 1421<br>25 |

## 46

| | | | |
|---|---|---|---|
| 5062<br>- 2406<br>2656 | 8389<br>- 3167<br>5222 | 9147<br>- 7913<br>1234 | 9709<br>- 3859<br>5850 |
| 8106<br>- 4883<br>3223 | 7786<br>- 6256<br>1530 | 7667<br>- 6109<br>1558 | 9089<br>- 4072<br>5017 |
| 6304<br>- 1838<br>4466 | 6401<br>- 1071<br>5330 | 2419<br>- 2387<br>32 | 6014<br>- 5961<br>53 |

## 47

| | | | |
|---|---|---|---|
| 7177<br>- 2049<br>5128 | 8617<br>- 2554<br>6063 | 5729<br>- 4644<br>1085 | 8752<br>- 2455<br>6297 |
| 3456<br>- 1042<br>2414 | 3568<br>- 1221<br>2347 | 8475<br>- 1441<br>7034 | 9442<br>- 2710<br>6732 |
| 7965<br>- 1634<br>6331 | 4195<br>- 3164<br>1031 | 5346<br>- 4898<br>448 | 9837<br>- 7339<br>2498 |

## 48

| | | | |
|---|---|---|---|
| 6247<br>- 5723<br>524 | 6880<br>- 1897<br>4983 | 6576<br>- 5107<br>1469 | 8309<br>- 6852<br>1457 |
| 6809<br>- 6451<br>358 | 3276<br>- 2881<br>395 | 9626<br>- 2700<br>6926 | 9892<br>- 8845<br>1047 |
| 9272<br>- 7570<br>1702 | 8188<br>- 7891<br>297 | 8435<br>- 2253<br>6182 | 7011<br>- 3192<br>3819 |

## 49

1) $8\frac{6}{11} - 3\frac{5}{22} = \quad 8\frac{12}{22} - 3\frac{5}{22} = \quad 5\frac{7}{22}$

2) $7\frac{16}{23} - 3\frac{9}{46} = \quad 7\frac{32}{46} - 3\frac{9}{46} = \quad 4\frac{23}{46} = \quad 4\frac{1}{2}$

3) $7\frac{9}{22} - 1\frac{1}{11} = \quad 7\frac{9}{22} - 1\frac{2}{22} = \quad 6\frac{7}{22}$

4) $7\frac{10}{58} - 4\frac{1}{29} = \quad 7\frac{10}{58} - 4\frac{2}{58} = \quad 3\frac{8}{58} = \quad 3\frac{4}{29}$

5) $9\frac{7}{29} - 1\frac{12}{58} = \quad 9\frac{14}{58} - 1\frac{12}{58} = \quad 8\frac{2}{58} = \quad 8\frac{1}{29}$

6) $5\frac{6}{11} - 3\frac{7}{55} = \quad 5\frac{30}{55} - 3\frac{7}{55} = \quad 2\frac{23}{55}$

7) $6\frac{8}{9} - 3\frac{3}{5} = \quad 6\frac{40}{45} - 3\frac{27}{45} = \quad 3\frac{13}{45}$

8) $8\frac{10}{16} - 2\frac{1}{8} = \quad 8\frac{10}{16} - 2\frac{2}{16} = \quad 6\frac{8}{16} = \quad 6\frac{1}{2}$

9) $7\frac{2}{10} - 4\frac{1}{5} = \quad 7\frac{2}{10} - 4\frac{2}{10} = \quad 3$

10) $5\frac{3}{6} - 3\frac{1}{3} = \quad 5\frac{3}{6} - 3\frac{2}{6} = \quad 2\frac{1}{6}$

## 50

1) $6\frac{3}{4} - 2\frac{3}{5} = \quad 6\frac{15}{20} - 2\frac{12}{20} = \quad 4\frac{3}{20}$

2) $5\frac{2}{4} - 1\frac{13}{52} = \quad 5\frac{26}{52} - 1\frac{13}{52} = \quad 4\frac{13}{52} = \quad 4\frac{1}{4}$

3) $5\frac{1}{7} - 3\frac{4}{28} = \quad 5\frac{4}{28} - 3\frac{4}{28} = \quad 2$

4) $8\frac{3}{4} - 1\frac{11}{28} = \quad 8\frac{21}{28} - 1\frac{11}{28} = \quad 7\frac{10}{28} = \quad 7\frac{5}{14}$

5) $7\frac{15}{58} - 3\frac{7}{29} = \quad 7\frac{15}{58} - 3\frac{14}{58} = \quad 4\frac{1}{58}$

6) $9\frac{3}{4} - 4\frac{4}{13} = \quad 9\frac{39}{52} - 4\frac{16}{52} = \quad 5\frac{23}{52}$

7) $7\frac{3}{6} - 3\frac{1}{3} = \quad 7\frac{3}{6} - 3\frac{2}{6} = \quad 4\frac{1}{6}$

8) $7\frac{13}{58} - 1\frac{4}{29} = \quad 7\frac{13}{58} - 1\frac{8}{58} = \quad 6\frac{5}{58}$

9) $5\frac{2}{7} - 1\frac{1}{4} = \quad 5\frac{8}{28} - 1\frac{7}{28} = \quad 4\frac{1}{28}$

10) $8\frac{6}{13} - 3\frac{4}{26} = \quad 8\frac{12}{26} - 3\frac{4}{26} = \quad 5\frac{8}{26} = \quad 5\frac{4}{13}$

## 51

1) $9\frac{7}{11} - 2\frac{3}{22} = \quad 9\frac{14}{22} - 2\frac{3}{22} = \quad 7\frac{11}{22} = \quad 7\frac{1}{2}$

2) $9\frac{11}{29} - 2\frac{16}{58} = \quad 9\frac{22}{58} - 2\frac{16}{58} = \quad 7\frac{6}{58} = \quad 7\frac{3}{29}$

3) $7\frac{13}{18} - 3\frac{3}{12} = \quad 7\frac{26}{36} - 3\frac{9}{36} = \quad 4\frac{17}{36}$

4) $8\frac{1}{3} - 4\frac{15}{48} = \quad 8\frac{16}{48} - 4\frac{15}{48} = \quad 4\frac{1}{48}$

5) $6\frac{5}{7} - 3\frac{10}{21} = \quad 6\frac{15}{21} - 3\frac{10}{21} = \quad 3\frac{5}{21}$

6) $7\frac{8}{12} - 3\frac{1}{3} - \quad 7\frac{8}{12} - 3\frac{4}{12} - \quad 4\frac{4}{12} = \quad 4\frac{1}{3}$

7) $6\frac{10}{29} - 2\frac{11}{58} = \quad 6\frac{20}{58} - 2\frac{11}{58} = \quad 4\frac{9}{58}$

8) $7\frac{2}{6} - 4\frac{3}{12} = \quad 7\frac{4}{12} - 4\frac{3}{12} = \quad 3\frac{1}{12}$

9) $5\frac{8}{9} - 1\frac{15}{27} = \quad 5\frac{24}{27} - 1\frac{15}{27} = \quad 4\frac{9}{27} = \quad 4\frac{1}{3}$

10) $7\frac{2}{4} - 4\frac{3}{13} = \quad 7\frac{26}{52} - 4\frac{12}{52} = \quad 3\frac{14}{52} = \quad 3\frac{7}{26}$

## 52

1) $6\frac{12}{18} - 2\frac{1}{3} = \quad 6\frac{12}{18} - 2\frac{6}{18} = \quad 4\frac{6}{18} = \quad 4\frac{1}{3}$

2) $6\frac{3}{4} - 4\frac{15}{52} = \quad 6\frac{39}{52} - 4\frac{15}{52} = \quad 2\frac{24}{52} = \quad 2\frac{6}{13}$

3) $5\frac{12}{13} - 2\frac{15}{26} = \quad 5\frac{24}{26} - 2\frac{15}{26} = \quad 3\frac{9}{26}$

4) $8\frac{4}{6} - 3\frac{13}{42} = \quad 8\frac{28}{42} - 3\frac{13}{42} = \quad 5\frac{15}{42} = \quad 5\frac{5}{14}$

5) $8\frac{2}{11} - 2\frac{1}{22} = \quad 8\frac{4}{22} - 2\frac{1}{22} = \quad 6\frac{3}{22}$

6) $5\frac{5}{8} - 3\frac{2}{4} = \quad 5\frac{5}{8} - 3\frac{4}{8} = \quad 2\frac{1}{8}$

7) $9\frac{13}{29} - 4\frac{14}{58} = \quad 9\frac{26}{58} - 4\frac{14}{58} = \quad 5\frac{12}{58} = \quad 5\frac{6}{29}$

8) $9\frac{14}{18} - 2\frac{3}{6} = \quad 9\frac{14}{18} - 2\frac{9}{18} = \quad 7\frac{5}{18}$

9) $7\frac{11}{18} - 2\frac{3}{9} = \quad 7\frac{11}{18} - 2\frac{6}{18} = \quad 5\frac{5}{18}$

10) $9\frac{5}{8} - 2\frac{2}{4} = \quad 9\frac{5}{8} - 2\frac{4}{8} = \quad 7\frac{1}{8}$

## 53

1) $6\frac{9}{11} - 2\frac{4}{22} = \quad 6\frac{18}{22} - 2\frac{4}{22} = \quad 4\frac{14}{22} = \quad 4\frac{7}{11}$

2) $5\frac{12}{13} - 3\frac{15}{26} = \quad 5\frac{24}{26} - 3\frac{15}{26} = \quad 2\frac{9}{26}$

3) $9\frac{2}{9} - 2\frac{1}{6} = \quad 9\frac{4}{18} - 2\frac{3}{18} = \quad 7\frac{1}{18}$

4) $7\frac{6}{8} - 3\frac{2}{32} = \quad 7\frac{24}{32} - 3\frac{2}{32} = \quad 4\frac{22}{32} = \quad 4\frac{11}{16}$

5) $9\frac{12}{45} - 2\frac{2}{15} = \quad 9\frac{12}{45} - 2\frac{6}{45} = \quad 7\frac{6}{45} = \quad 7\frac{2}{15}$

6) $9\frac{8}{10} - 1\frac{5}{50} = \quad 9\frac{40}{50} - 1\frac{5}{50} = \quad 8\frac{35}{50} = \quad 8\frac{7}{10}$

7) $8\frac{10}{13} - 4\frac{10}{26} = \quad 8\frac{20}{26} - 4\frac{10}{26} = \quad 4\frac{10}{26} = \quad 4\frac{5}{13}$

8) $6\frac{1}{4} - 2\frac{4}{32} = \quad 6\frac{8}{32} - 2\frac{4}{32} = \quad 4\frac{4}{32} = \quad 4\frac{1}{8}$

9) $9\frac{3}{5} - 2\frac{3}{9} = \quad 9\frac{27}{45} - 2\frac{15}{45} = \quad 7\frac{12}{45} = \quad 7\frac{4}{15}$

10) $7\frac{10}{18} - 2\frac{1}{6} = \quad 7\frac{10}{18} - 2\frac{3}{18} = \quad 5\frac{7}{18}$

## 54

1) $9\frac{4}{11} - 4\frac{12}{55} = \quad 9\frac{20}{55} - 4\frac{12}{55} = \quad 5\frac{8}{55}$

2) $7\frac{4}{5} - 3\frac{8}{10} = \quad 7\frac{8}{10} - 3\frac{8}{10} = \quad 4$

3) $9\frac{6}{7} - 4\frac{13}{21} = \quad 9\frac{18}{21} - 4\frac{13}{21} = \quad 5\frac{5}{21}$

4) $8\frac{9}{22} - 2\frac{3}{11} = \quad 8\frac{9}{22} - 2\frac{6}{22} = \quad 6\frac{3}{22}$

5) $6\frac{11}{29} - 1\frac{16}{58} = \quad 6\frac{22}{58} - 1\frac{16}{58} = \quad 5\frac{6}{58} = \quad 5\frac{3}{29}$

6) $7\frac{6}{8} - 3\frac{14}{32} = \quad 7\frac{24}{32} - 3\frac{14}{32} = \quad 4\frac{10}{32} = \quad 4\frac{5}{16}$

7) $8\frac{8}{11} - 1\frac{13}{22} = \quad 8\frac{16}{22} - 1\frac{13}{22} = \quad 7\frac{3}{22}$

8) $9\frac{7}{11} - 2\frac{13}{22} = \quad 9\frac{14}{22} - 2\frac{13}{22} = \quad 7\frac{1}{22}$

9) $9\frac{8}{9} - 4\frac{8}{45} = \quad 9\frac{40}{45} - 4\frac{8}{45} = \quad 5\frac{32}{45}$

10) $8\frac{3}{6} - 3\frac{5}{14} = \quad 8\frac{21}{42} - 3\frac{15}{42} = \quad 5\frac{6}{42} = \quad 5\frac{1}{7}$

## 55

1) $9\frac{10}{52} - 3\frac{1}{26} = \quad 9\frac{10}{52} - 3\frac{2}{52} = \quad 6\frac{8}{52} = \quad 6\frac{2}{13}$

2) $5\frac{5}{9} - 1\frac{12}{27} = \quad 5\frac{15}{27} - 1\frac{12}{27} = \quad 4\frac{3}{27} = \quad 4\frac{1}{9}$

3) $8\frac{6}{9} - 1\frac{3}{5} = \quad 8\frac{30}{45} - 1\frac{27}{45} = \quad 7\frac{3}{45} = \quad 7\frac{1}{15}$

4) $6\frac{3}{4} - 1\frac{2}{3} = \quad 6\frac{9}{12} - 1\frac{8}{12} = \quad 5\frac{1}{12}$

5) $8\frac{7}{13} - 4\frac{3}{26} = \quad 8\frac{14}{26} - 4\frac{3}{26} = \quad 4\frac{11}{26}$

6) $8\frac{8}{9} - 2\frac{10}{45} = \quad 8\frac{40}{45} - 2\frac{10}{45} = \quad 6\frac{30}{45} = \quad 6\frac{2}{3}$

7) $9\frac{2}{4} - 2\frac{2}{52} = \quad 9\frac{26}{52} - 2\frac{2}{52} = \quad 7\frac{24}{52} = \quad 7\frac{6}{13}$

8) $9\frac{12}{30} - 1\frac{7}{60} = \quad 9\frac{24}{60} - 1\frac{7}{60} = \quad 8\frac{17}{60}$

9) $9\frac{1}{5} - 3\frac{2}{50} = \quad 9\frac{10}{50} - 3\frac{2}{50} = \quad 6\frac{8}{50} = \quad 6\frac{4}{25}$

10) $9\frac{2}{13} - 1\frac{3}{26} = \quad 9\frac{4}{26} - 1\frac{3}{26} = \quad 8\frac{1}{26}$

## 56

1) $9\frac{16}{29} - 4\frac{13}{58} = \quad 9\frac{32}{58} - 4\frac{13}{58} = \quad 5\frac{19}{58}$

2) $9\frac{5}{14} - 3\frac{1}{6} = \quad 9\frac{15}{42} - 3\frac{7}{42} = \quad 6\frac{8}{42} = \quad 6\frac{4}{21}$

3) $7\frac{2}{3} - 3\frac{3}{18} = \quad 7\frac{12}{18} - 3\frac{3}{18} = \quad 4\frac{9}{18} = \quad 4\frac{1}{2}$

4) $7\frac{3}{7} - 3\frac{5}{21} = \quad 7\frac{9}{21} - 3\frac{5}{21} = \quad 4\frac{4}{21}$

5) $7\frac{4}{5} - 3\frac{1}{4} = \quad 7\frac{16}{20} - 3\frac{5}{20} = \quad 4\frac{11}{20}$

6) $7\frac{6}{48} - 3\frac{3}{24} = \quad 7\frac{6}{48} - 3\frac{6}{48} = \quad 4$

7) $9\frac{2}{6} - 3\frac{10}{42} = \quad 9\frac{14}{42} - 3\frac{10}{42} = \quad 6\frac{4}{42} = \quad 6\frac{2}{21}$

8) $7\frac{15}{21} - 1\frac{2}{7} = \quad 7\frac{15}{21} - 1\frac{6}{21} = \quad 6\frac{9}{21} = \quad 6\frac{3}{7}$

9) $8\frac{12}{46} - 1\frac{5}{23} = \quad 8\frac{12}{46} - 1\frac{10}{46} = \quad 7\frac{2}{46} = \quad 7\frac{1}{23}$

10) $9\frac{7}{45} - 4\frac{1}{15} = \quad 9\frac{7}{45} - 4\frac{3}{45} = \quad 5\frac{4}{45}$

## 57

1) $9\frac{4}{11} - 1\frac{2}{22} =$  $9\frac{8}{22} - 1\frac{2}{22} =$  $8\frac{6}{22} =$  $8\frac{3}{11}$

2) $8\frac{5}{26} - 1\frac{1}{13} =$  $8\frac{5}{26} - 1\frac{2}{26} =$  $7\frac{3}{26}$

3) $6\frac{3}{10} - 1\frac{5}{40} =$  $6\frac{12}{40} - 1\frac{5}{40} =$  $5\frac{7}{40}$

4) $9\frac{2}{3} - 3\frac{2}{4} =$  $9\frac{8}{12} - 3\frac{6}{12} =$  $6\frac{2}{12} =$  $6\frac{1}{6}$

5) $5\frac{5}{6} - 2\frac{1}{12} =$  $5\frac{10}{12} - 2\frac{1}{12} =$  $3\frac{9}{12} =$  $3\frac{3}{4}$

6) $7\frac{14}{27} - 3\frac{1}{9} =$  $7\frac{14}{27} - 3\frac{3}{27} =$  $4\frac{11}{27}$

7) $8\frac{1}{4} - 1\frac{1}{8} =$  $8\frac{2}{8} - 1\frac{1}{8} =$  $7\frac{1}{8}$

8) $6\frac{2}{4} - 4\frac{1}{6} =$  $6\frac{6}{12} - 4\frac{2}{12} =$  $2\frac{4}{12} =$  $2\frac{1}{3}$

9) $8\frac{4}{5} - 3\frac{4}{10} =$  $8\frac{8}{10} - 3\frac{4}{10} =$  $5\frac{4}{10} =$  $5\frac{2}{5}$

10) $6\frac{11}{45} - 4\frac{1}{9} =$  $6\frac{11}{45} - 4\frac{5}{45} =$  $2\frac{6}{45} =$  $2\frac{2}{15}$

## 58

1) $5\frac{9}{24} - 3\frac{4}{12} =$  $5\frac{9}{24} - 3\frac{8}{24} =$  $2\frac{1}{24}$

2) $5\frac{14}{23} - 1\frac{5}{46} =$  $5\frac{28}{46} - 1\frac{5}{46} =$  $4\frac{23}{46} =$  $4\frac{1}{2}$

3) $5\frac{11}{29} - 4\frac{12}{58} =$  $5\frac{22}{58} - 4\frac{12}{58} =$  $1\frac{10}{58} =$  $1\frac{5}{29}$

4) $8\frac{14}{16} - 2\frac{1}{8} =$  $8\frac{14}{16} - 2\frac{2}{16} =$  $6\frac{12}{16} =$  $6\frac{3}{4}$

5) $7\frac{14}{58} - 1\frac{1}{29} =$  $7\frac{14}{58} - 1\frac{2}{58} =$  $6\frac{12}{58} =$  $6\frac{6}{29}$

6) $5\frac{2}{6} - 3\frac{2}{10} =$  $5\frac{10}{30} - 3\frac{6}{30} =$  $2\frac{4}{30} =$  $2\frac{2}{15}$

7) $8\frac{7}{11} - 1\frac{5}{22} =$  $8\frac{14}{22} - 1\frac{5}{22} =$  $7\frac{9}{22}$

8) $6\frac{2}{3} - 2\frac{15}{48} =$  $6\frac{32}{48} - 2\frac{15}{48} =$  $4\frac{17}{48}$

9) $9\frac{7}{11} - 3\frac{13}{55} =$  $9\frac{35}{55} - 3\frac{13}{55} =$  $6\frac{22}{55} =$  $6\frac{2}{5}$

10) $7\frac{1}{4} - 3\frac{7}{28} =$  $7\frac{7}{28} - 3\frac{7}{28} =$  $4$

## 59

1) $7\frac{1}{3} - 4\frac{2}{42} =$  $7\frac{14}{42} - 4\frac{2}{42} =$  $3\frac{12}{42} =$  $3\frac{2}{7}$

2) $5\frac{8}{16} - 3\frac{10}{32} =$  $5\frac{16}{32} - 3\frac{10}{32} =$  $2\frac{6}{32} =$  $2\frac{3}{16}$

3) $7\frac{5}{15} - 1\frac{7}{45} =$  $7\frac{15}{45} - 1\frac{7}{45} =$  $6\frac{8}{45}$

4) $6\frac{9}{26} - 4\frac{5}{52} =$  $6\frac{18}{52} - 4\frac{5}{52} =$  $2\frac{13}{52} =$  $2\frac{1}{4}$

5) $5\frac{8}{9} - 4\frac{10}{15} =$  $5\frac{40}{45} - 4\frac{30}{45} =$  $1\frac{10}{45} =$  $1\frac{2}{9}$

6) $5\frac{14}{16} - 2\frac{10}{48} =$  $5\frac{42}{48} - 2\frac{10}{48} =$  $3\frac{32}{48} =$  $3\frac{2}{3}$

7) $6\frac{8}{20} - 1\frac{5}{40} =$  $6\frac{16}{40} - 1\frac{5}{40} =$  $5\frac{11}{40}$

8) $8\frac{3}{5} - 2\frac{10}{20} =$  $8\frac{12}{20} - 2\frac{10}{20} =$  $6\frac{2}{20} =$  $6\frac{1}{10}$

9) $9\frac{13}{16} - 4\frac{5}{12} =$  $9\frac{39}{48} - 4\frac{20}{48} =$  $5\frac{19}{48}$

10) $6\frac{5}{52} - 4\frac{1}{13} =$  $6\frac{5}{52} - 4\frac{4}{52} =$  $2\frac{1}{52}$

## 60

1) $9\frac{3}{5} - 2\frac{6}{20} =$  $9\frac{12}{20} - 2\frac{6}{20} =$  $7\frac{6}{20} =$  $7\frac{3}{10}$

2) $7\frac{15}{20} - 3\frac{2}{4} =$  $7\frac{15}{20} - 3\frac{10}{20} =$  $4\frac{5}{20} =$  $4\frac{1}{4}$

3) $9\frac{3}{7} - 2\frac{3}{28} =$  $9\frac{12}{28} - 2\frac{3}{28} =$  $7\frac{9}{28}$

4) $8\frac{4}{5} - 4\frac{2}{3} =$  $8\frac{12}{15} - 4\frac{10}{15} =$  $4\frac{2}{15}$

5) $7\frac{7}{10} - 1\frac{1}{4} =$  $7\frac{14}{20} - 1\frac{5}{20} =$  $6\frac{9}{20}$

6) $7\frac{12}{32} - 4\frac{4}{16} =$  $7\frac{12}{32} - 4\frac{8}{32} =$  $3\frac{4}{32} =$  $3\frac{1}{8}$

7) $8\frac{2}{3} - 3\frac{10}{24} =$  $8\frac{16}{24} - 3\frac{10}{24} =$  $5\frac{6}{24} =$  $5\frac{1}{4}$

8) $5\frac{9}{27} - 3\frac{2}{6} =$  $5\frac{18}{54} - 3\frac{18}{54} =$  $2$

9) $8\frac{4}{6} - 4\frac{2}{5} =$  $8\frac{20}{30} - 4\frac{12}{30} =$  $4\frac{8}{30} =$  $4\frac{4}{15}$

10) $9\frac{10}{21} - 2\frac{1}{7} =$  $9\frac{10}{21} - 2\frac{3}{21} =$  $7\frac{7}{21} =$  $7\frac{1}{3}$

www.ingramcontent.com/pod-product-compliance
Lightning Source LLC
LaVergne TN
LVHW081334060426
835513LV00014B/1288